SOPA DE LIBROS

D0062044

DISCARD

Título original: *Freunde* y *Der Wecker*

© Del texto e ilustraciones: Helme Heine, 1983, 2002
© Middelhauve Verlags GmbH, München, Germany, 1983, 2002
© De la traducción: Ana Garralón, 2002
© De esta edición: Grupo Anaya, S. A., 2002
Juan Ignacio Luca de Tena, 15. 28027 Madrid
www.anayainfantilyjuvenil.com
e-mail: anayainfantilyjuvenil@anaya.es

1.ª edición, octubre 2002; 2.ª impr., mayo 2003
3.ª impr., enero 2004; 4.ª impr., agosto 2004
5.ª impr., mayo 2005; 6.ª impr., mayo 2005
7.ª impr., noviembre 2005; 8.ª impr., diciembre 2005
9.ª impr., marzo 2006; 10.ª impr. julio 2006

Diseño: Manuel Estrada

ISBN: 84-667-1659-9
Depósito legal: M. 33.819/2006

Impreso en ANZOS, S. A.
La Zarzuela, 6
Polígono Industrial Cordel de la Carrera
Fuenlabrada (Madrid)
Impreso en España - Printed in Spain

Heine, Helme
   Los tres amigos / Helme Heine ; ilustraciones del autor ;
traducción de Ana Garralón. — Madrid : Anaya, 2002
   72 p. : il. col. ; 20 cm. — (Sopa de Libros ; 82)
   ISBN 84-667-1659-9
   1. Animales humanizados. 2. Amistad. 3. Juegos. I. Heine,
Helme, il. II. Garralón, Ana, trad.
   087.5:82-3

Los tres amigos
y El despertador

Helme Heine

Los tres amigos

Ilustraciones del autor
Traducción de Ana Garralón

ANAYA

Hay muchas granjas en el mundo
pero ninguna como La Cochambrosa.

La Cochambrosa es grande,
tan grande que hay sitio para todos.

La Cochambrosa es pequeña,
tan pequeña que cabe incluso en un corazoncito.

La Cochambrosa no es de nadie,
como el sol o la luz.

La Cochambrosa es de todos,
como el mundo.

LOS TRES AMIGOS

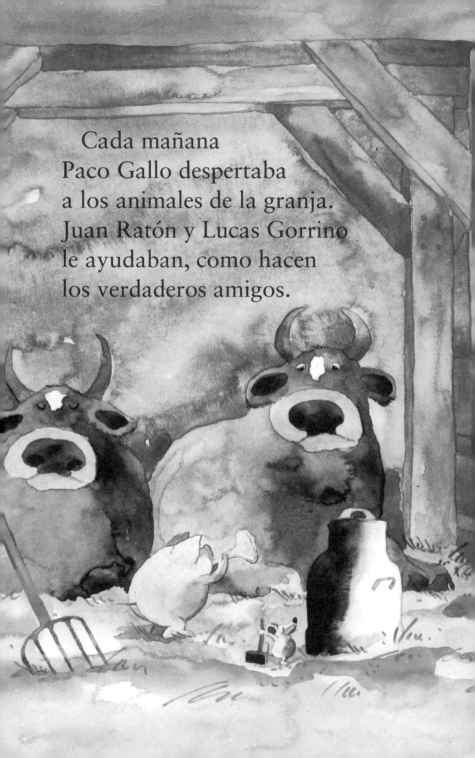

Cada mañana
Paco Gallo despertaba
a los animales de la granja.
Juan Ratón y Lucas Gorrino
le ayudaban, como hacen
los verdaderos amigos.

Después, sacaban su bicicleta
del granero y pedaleaban por
todas partes.

No les importaban los caminos
peligrosos, ni las cuestas empinadas,

ni las curvas cerradas,
ni los charcos profundos.

Luego, descansaban un rato en el estanque. Allí lanzaban piedras al agua y jugaban al escondite.

Una vez, Juan Ratón
descubrió una barca entre
las cañas, y los tres decidieron

convertirse en piratas, pues a los
verdaderos amigos siempre les
gusta hacer las mismas cosas.

Juan Ratón se ocupó del remo,
Paco Gallo se puso en el mástil
y Lucas Gorrino hizo de tapón
sentándose donde había un
agujero.

Y así navegaron todo el día
por el estanque y corrieron
un montón de aventuras,

hasta que el hambre
les llevó de nuevo
a tierra firme.

Primero intentaron pescar,
pero les sonaban tanto las tripas

que ningún pez picaba
el anzuelo.

    Entonces, se decidieron por las
cerezas. El botín fue repartido
de inmediato: una cereza para
Juan Ratón, una para Paco Gallo
y dos para Lucas Gorrino.

A Juan Ratón le pareció
bien el reparto pero, como
Paco Gallo protestó, le
dieron los huesos de las
cerezas.

Cuando se las comieron,
los tres sintieron un fuerte
dolor de tripa...

Más tarde, al ver que las sombras
se iban haciendo más alargadas,

montaron en su bicicleta
y regresaron a casa.

Detrás del gallinero, junto al depósito de agua, prometieron que siempre serían amigos y que no se separarían jamás.

Por la noche quisieron dormir
con Juan Ratón. Pero, como
Paco Gallo se quedó enganchado

en la ratonera, se fueron con
Lucas Gorrino. Allí Juan Ratón
no aguantaba aquel olor,

así que fueron al gallinero
y subieron hasta el palo de las
gallinas, que se rompió enseguida
porque los tres pesaban mucho.

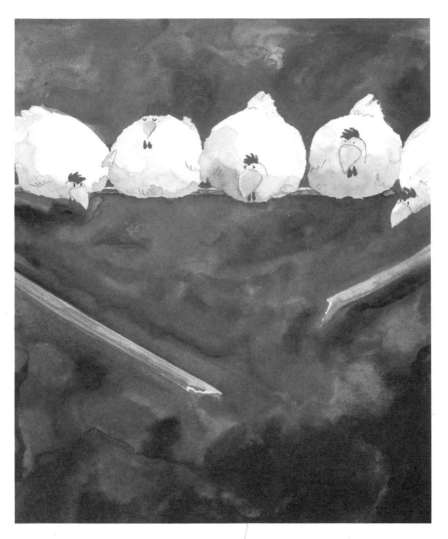

Al fin, se dieron
las buenas noches
y cada uno fue a dormir
a su cama.

Y soñaron
que paseaban
juntos otra vez…

El despertador

A los tres amigos les hacía
mucha ilusión quedarse un día
despiertos hasta medianoche.
Pero no lo habían hecho porque
Paco Gallo tenía miedo de no
despertarse por la mañana
temprano y de que las gallinas
se burlaran de él.

Un día, a Lucas Gorrino, mientras comía, se le ocurrió una gran idea.

—¿Sabéis lo que necesitamos? —dijo sorbiendo ruidosamente—. ¡Un despertador!

—¿Y de dónde lo vamos a sacar? —le interrumpió Paco.

—Utilizaremos el del granjero
—sonrió Juan Ratón, que
conocía muy bien la granja.

Mientras Paco Gallo y Lucas
Gorrino vigilaban en el patio,

Juan Ratón entró con cuidado
en la casa, cogió el despertador
y lo arrojó por la ventana abierta
del dormitorio.

Los tres amigos se alegraron
mucho, imaginando todo lo que
podrían hacer.

Esperaban impacientes que se
pusiera el sol y el cielo se llenara
de estrellas.

FiN

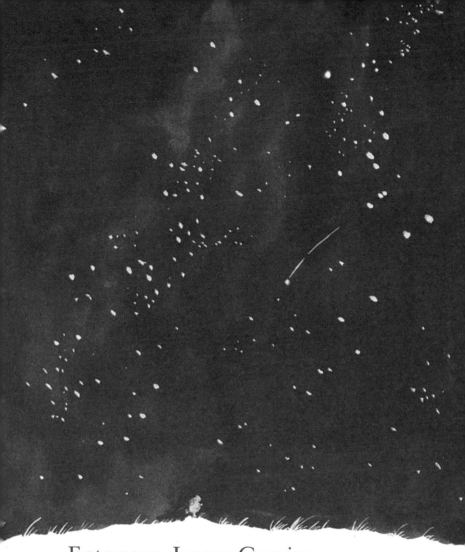

Entonces, Lucas Gorrino
descubrió una estrella fugaz
y pensó en un deseo.

—¿Entramos? —dijo mientras
se rascaba— aquí hay muchos
mosquitos.

La tía Mu dormía tan
profundamente que no se despertó

cuando los tres saltaron
a la comba con su cola.

Al tío Jo, que siempre
roncaba, le pintaron un bigote,

y a Cristóbal y Carlota les ataron
los rabitos porque se querían
mucho.

Cuando la luna iluminó la ventana jugaron a las sombras chinescas. Interpretaron *Los tres mosqueteros en La Cochambrosa*.

Fue una buena representación
hasta que apareció Leopoldo.

De un salto monumental,
Juan Ratón se escondió en
su madriguera mientras

Paco Gallo y Lucas Gorrino se ocupaban de espantar al enemigo.

Cuando el despertador
dio las doce, tres fantasmillas
volaban por La Cochambrosa.

Arrastraron cadenas,
abrieron y cerraron la tapa del
cubo de basura, hicieron crujir
las puertas, y subieron y bajaron
entre risas y silbidos.

Después, les entró sueño
y los fantasmas bostezaron.
Aunque no fue fácil, pusieron
el despertador para cuando
saliera el sol,

se dieron las buenas noches
y se fueron a la cama.

Paco Gallo, muerto de cansancio, subió a su palo, pero no se podía dormir. El continuo TIC-TAC, TIC-TAC, le volvía loco. ¿O era TAC-TIC, TAC-TIC?

Cuanto más lo escuchaba,
más se desesperaba. Poco antes
del amanecer ya no aguantó más
y se sentó sobre el despertador.
Enseguida se hizo el silencio
y se durmió.

Si Juan Ratón y Lucas Gorrino
no hubieran estado allí, seguro
que se habría quedado dormido.

—¿Y por qué no sonó?
—preguntó Paco Gallo a sus
amigos mientras iban a devolver
el despertador.

—¡Porque te sentaste encima!

—Usar el despertador es buena idea —dijo Paco— pero la amistad es mejor.

Lucas Gorrino y Juan Ratón ya no oían nada. Tenían tanto sueño atrasado...

Escribieron y dibujaron...

Helme Heine

—*Helme Heine nació en 1941 en Berlín. Estudió gestión de empresa y arte, y emigró a Sudáfrica. Su primer libro para niños,* Cuánto cuenta un elefante *tuvo un gran éxito. Regresó a Alemania en 1977. Heine viajó tanto como europeo que es y lo que aprendió lo explica en sus ilustraciones. Elige a los animales como personajes para desarrollar a menudo los valores elementales y crear una atmósfera fantástica. Sus imágenes tienen por objeto despertar una percepción invisible en el niño. ¿Qué siente cuando escribe para niños?*

—Me siento muy cerca de todo lo que siente, piensa y observa un niño pequeño. Recuerdo cuando yo era niño, conservo muchas cosas en mi memoria. Ser feliz en la infancia supone vivir muy intensamente la vida adulta. Y yo quiero que todos los niños sean felices en la medida de lo posible.

—*En esta obra, los personajes, aun siendo animales muy diferentes, son verdaderos amigos...*

—Como la vida misma. La amistad nace de compartir las cosas, de intentar comprender al otro... El libro muestra cómo se puede convivir aun siendo diferentes. ¿Qué tienen en común un gallo, un cerdo y un ratón?... Pues las ganas de pasarlo bien, de disfrutar de la naturaleza, de vivir en compañía, de dar y recibir cariño... En fin, como la vida misma.

—*¿Le gustaban los animales cuando era pequeño?*

—¡Naturalmente! Me pasaba horas dibujándolos. Me encantaba observar la naturaleza. Por eso he intentado que mis dibujos sean alegres, espontáneos, como a través de los ojos de un niño pequeño. Yo vivía cerca de una granja y jugaba con mis amigos a que éramos animales, y nos inventábamos historias. Cada uno era un animal diferente y... bueno, aquí están mis cuentos.

—*¿Cómo surgió la idea de escribir otro cuento de los mismos personajes?*

—Cuando escribí *Los tres amigos*, me di cuenta de que había juntado tres amigos inseparables. Mis lectores se habían entusiasmado con Paco Gallo, Lucas Gorrino y Juan Ratón, y yo sentía como si tuvieran una vida propia, como si se hubieran escapado del papel. Así que ellos siguieron viviendo y contándome lo que hacían. Yo solamente me limitaba a escribir lo que ellos me decían —y me mostraban— en sueños.

—*¿Tal vez por eso surgió la idea del despertador?*

—Bueno, no exactamente, aunque, claro está, a todos nos gusta soñar y a veces tenemos problemas para despertarnos y regresar a nuestra vida cotidiana. Así le pasaba a Paco Gallo: si se quedaba con sus amigos hasta medianoche, ¿sería capaz de «madrugar»?

—*En su literatura para niños, el tema fundamental es la amistad. ¿Cuál es la razón?*

—Yo creo que más bien es la aventura, pero no hay aventura sin amistad. La amistad es lo que nos hace más humanos y nos lleva a desarrollar todo lo demás.